Buena presencia

La autoestima

Judy Klare

Versión en español de Argentina Palacios

Rourke Publications, Inc.
Vero Beach, FL 32964

La autora agradece a **Eileen Griffin** su trabajo en las ilustraciones de este libro. La Srta. Griffith es artista, ilustradora y propietaria de una empresa de artes gráficas.

Julia Klare nació en Colony, Kansas. Recibió su B. A. en educación elemental en Kansas City y su M. A. en consejería psicológica en la University of Minnesota. Es maestra y sicóloga.

Library of Congress Cataloging-in-Publication Data

Klare, Judith., 1922-
    [Self-esteem. Spanish]
    La autoestima / Judy Klare; versión en español de Argentina Palacios
        p. cm. — (Buena presencia)
    Traducción de: Self-esteem.
    Incluye índice.
    ISBN 0-86625-292-4
    1. Autoestima—Literatura juvenil. I. Título. II. Serie.
BF697.5.S46K5716 1992
155.4'24—dc20   92-16155
                                                      CIP

ÍNDICE DE MATERIAS

CONOCE A TU PROPIO YO

A principios de la adolescencia, conoces a tu verdadero yo.
Hasta entonces, si fuiste afortunada, te cuidó una familia
amorosa y tú te viste a ti misma a través de los ojos de la familia.
Sus miembros se interesaron en tu desarrollo, desde que te
salió el primer diente hasta que expresaste una opinión
propia. Vigilaban tus días. Alguien sabía dónde estabas de día
y de noche.

La familia y el médico observaban tu crecimiento. Aunque tu
infancia no fuera exactamente así, este libro te ayudará a
conocer a tu propio yo. Después de todo... tú misma pintas
tu autorretrato.

Cuando tenías diez años, a lo mejor andabas por tu cuenta
bastante. Si fuiste afortunada, te estimulaban para que
desarrollaras tu talento y capacidad. Empezaste a depender de
ti misma y a hacer tu propio autorretrato.

Esta imagen de ti misma — cómo crees que luces y actúas y
cómo crees que te ven los demás — continúa en desarrollo
junto contigo (en forma parecida a una película de ciertas
cámaras instantáneas que se sigue revelando). A medida que
sabes más sobre ti misma, le añades detalles al retrato.

Durante toda tu vida llevas esa imagen mental propia. Te
ayuda a darle forma a tu autoestima — cómo te sientes hacia
ti misma. La autoestima es importante porque influye en la
felicidad y puede moldear el futuro de una persona.

¿QUIÉN ERES TÚ?

Imagina que acabas de llegar a un campamento de verano. Unas de los compañeras se conocen desde antes. La mayor parte son extrañas las unas a las otras, igual que tú. La primera noche, después de la cena, la directora del campamento les pide a todas que se presenten. Quiere que digan algo más que el nombre y la dirección. Les da unas cuantas ideas sobre qué decir y les da unos minutos para pensar.

Según lo que dijo la directora, las cosas que debes mencionar son:

Tu familia. Número de hermanos y hermanas. El trabajo de tu mamá y tu papá.

Si la familia ha vivido en otros lugares, ¿dónde?

Tu pueblo o ciudad. Su tamaño. Su localización. O tu finca o rancho. Su tamaño. Su localización. El pueblo más cercano.

Tu escuela, actividades favoritas, pasatiempos, otros intereses.

Ahora tienes que pensar en lo que vas a decir cuando te toque el turno. De momento, no parece difícil presentarte — tu propio yo — a un grupo nuevo. Pero, para la mayoría de las personas, esto es muy difícil. Cómo nos vemos a nosotros mismos es parte de la autoestima. Cómo nos describimos puede revelar alta o baja autoestima. En otras palabras, quienes tienen una autoestima saludable, presentan un retrato positivo de sí mismas.

¿Qué es la autoestima?

La autoestima es la forma en que una persona se ve a sí misma. Es como si se mirara en un espejo y sumara todas las cualidades.

Las cualidades que se ven en un espejo son *físicas*. Son las facciones o rasgos: el color del cabello y de los ojos
si el cabello es rizo o no
la forma de la cara y la nariz
la altura y el peso
la ropa
la piel o el cutis

La autoestima positiva generalmente implica que te gusta lo que ves — o, si no, que te estás esforzando por mejorar lo que puedes.

¿Cómo afecta la mente (las cualidades mentales que no se pueden ver en el espejo) tu autoestima?

Lo que piensas de ti misma puede ser muy distinto de lo que ves.

Puede que lleves contigo una "foto" indeseable de ti misma sin darte cuenta.

Aún personas inteligentes puede que no se vean a sí mimas como las ven los demás. Puede que no traten de alcanzar metas a causa de una autoestima baja. Por otro lado, por medio del talento que tienen pueden esforzarse por realizar sus sueños.

8

LA CREACIÓN DE AUTOESTIMA

¿Qué ideas pueden ayudar a crear una autoestima positiva?

1) La *imaginación* te puede acercar a tus sueños.

   Aunque llevo frenos en los dientes, me imagino desde ya cómo voy a lucir de mejor a fines de este año.

2) El *sentido del humor* puede ayudar a superar dificultades.

   No soy la mejor gimnasta de mi grupo — ni por casualidad — pero si me río de mi propia torpeza no me duele tanto cuando otros se ríen de mí.

3) *Ayudar a quien esté más cerca* a veces puede ayudar a mejorar la vida.

   Podría ayudar a mi mamá con los quehaceres el sábado. Así no se sentiría tan cansada ni malhumorada cuando yo quiera que una amiga se quede a pasar la noche.

4) *Darte una recompensa* por logros te hace esforzarte más.

   Ahora que ya entiendo la lección de francés, me voy a tomar un pequeño recreo antes de terminarla.

   He llegado a tiempo a todas las clases este semestre — ¡tremenda mejora! Ahora me puedo comprar ese suéter negro que tanto me gusta.

5) **Imponte metas** ni muy grandes ni muy pequeñas. Mientras más sensata sea una meta, más fácil te será alcanzarla.

Las fracciones me han costado trabajo. Tal vez no pueda subir la nota a A enseguida, pero subir mi D a B es una meta que puedo alcanzar.

6) **Tener resistencia** es importante; darse por vencida es contraproducente.

Parece que no avanzo nada en mecanografía; pero es muy temprano para abandonar la clase. La maestra dice que puedo estar estancada pero que después puedo salir adelante.

7) **Espera tener salud** — si la tienes buena, mantenla comiendo y durmiendo bien y haciendo ejercicio con regularidad. Para la salud mental, necesitas aprender a relajarte para contrarrestar los pensamientos negativos y cambiarlos por positivos. La autoestima fuerte requiere más positivos que negativos — ¡hasta dos veces más!

Me sentiré muy deprimida si no se me quita el coraje con (mi novio / mis padres / mi maestra). No creo que (él / ellos / ella) quisiera(n) ser cruel(es). Vale la pena hablar del asunto para sentirme mejor.

8) ***Tener fe en el futuro*** hace posible que enfrentes el futuro con esperanza.

Aunque ni mi mamá ni ninguna mujer de mi familia fue a la universidad, yo puedo ir. Ojalá que un día tenga a mi esposo y mis hijos, ¡pero también quiero algo sólo para mí!

9) ***Ciertas cosas no se pueden cambiar;*** lo mejor es aceptarlas.

Mi papá y mi mamá se van a divorciar. No quisiera que eso pasara, ni a ellos ni a mí, pero, en realidad, es problema de ellos, no mío. No es culpa mía. Mi vida seguirá su curso y a mí es que me toca vivirla de la mejor manera posible.

10) ***Tienes que ser tu propia amiga.*** Como harías con una buena amiga, tienes que estimularte y ayudarte a ti misma. Sobre todo, perdónate por los errores cometidos.

Puede que yo no tenga la cara más bonita del mundo, pero tengo una linda sonrisa. Con eso llegaré lejos. ¡Seguro que sí!

... Bueno, metí la pata en el examen ... No es el fin del mundo ... Para el próximo voy a estar mejor preparada.

GUÍA: El expresar ideas negativas no es perjudicial. Para tener autoestima saludable, una persona necesita saber qué hacer en cuanto a actitudes problemáticas.

Las amistades son necesarias

En ningún momento es más necesario tener amistades que en los años de la pre adolescencia y la adolescencia temprana. Están ocurriendo muchas cosas al mismo tiempo. Primero, el cuerpo está cambiando. Unos de los cambios son misteriosos, hasta dan miedo. No siempre es fácil preguntarle a una persona que pueda comprenderlos, tu mamá, por ejemplo. Una buena amiga puede ser alguien en quien se puede confiar, a quien se puede hacer preguntas y expresar dudas.

Muchas muchachas de esta edad se sienten solas. La mayoría se sienten así en un momento dado. En esa época te sientes insegura sobre tantas cosas que te están ocurriendo. Puedes considerarte afortunada si tienes un grupo de amigas con quienes relajarte y ser tú misma. Hay muchachas que se sienten mal porque no son populares con todo el mundo, o con la gente "que cuenta". Si cuentas con una buena amiga, eres realmente afortunada.

La comunicación en las familias es necesaria

Siempre trata de hablar con tu familia. No cortes las líneas de comunicación existentes. No olvides que el lenguaje corporal expresa mucho que tú no dices con palabras. Si te hundes en una silla cuando tu mamá te habla, estás hablando sin palabras. Si no miras a tu papá directamente a los ojos cuando te dice algo, le estás diciendo cómo consideras su opinión, sin decir una palabra. Por supuesto, el lenguaje corporal de otra persona te puede causar problemas a *ti*. Pero, tienes que continuar.

Si, después de leer esto, dices que los adultos en tu vida nunca podrían hablarte de una manera abierta, entonces ¿qué? Recuerda que los adultos también tienen que hacer ajustes difíciles de cuando en cuando. Cierto estrés que tienen que sufrir pueden ser divorcio, muerte, enfermedad, preocupación por falta de dinero y el cuidado de los abuelos. A veces, la función de ser buen padre o madre tiene que esperar. Consigue a alguien en quien puedas confiar.

13

CONOCE A TU MEJOR YO

Ya sabes que este libro hace énfasis en la actitud positiva que debes tener de ti misma. Si no tienes esa actitud positiva, los demás van a recibir tu autorretrato negativo. Lo contrario también es cierto. Si te das buenas notas por ser tú, los demás responden a esa imagen positiva. A casi nadie le gusta estar con gente que siempre anda diciendo cosas desalentadoras. Casi nunca elegimos amigos entre los que constantemente se menosprecian o los que fanfarronean mucho.

Si estás en la pre adolescencia o adolescencia temprana, ya sabes que la vida puede ser incomprensible. No eres adulto, pero se espera que tomes tus propias decisiones en muchos casos. No estás en casa mucho tiempo, pero tienes que regresar a una hora razonable y dar cuenta de cómo y dónde estabas. Puede que te den una asignación de dinero, pero puede que critiquen mucho la forma en que lo usas. A veces parece que no puedes complacer a nadie — especialmente a ti misma.

Esos no son los peores problemas que puedes enfrentar, ni con mucho. Si los adultos en tu vida tienen problemas que tú no puedes cambiar, la creación de tu autoestima puede no estar a la cabeza de tu lista. Este libro no puede dedicarse a los problemas más serios, pero aprender a parar lo negativo puede ayudar mucho, cualquiera que sea la situación.

Aprender a parar lo negativo

Si tu autorretrato no está bien enfocado a causa de pensamientos negativos, o si tus pensamientos te causan estrés, ya sea físico o mental, puedes aprender a parar lo negativo en tu vida. A continuación, algunas técnicas y ejemplos.

1) *Reemplaza los pensamientos negativos con positivos* — 2 por 1, si es posible.

   No me veo muy bien con faldas (sayas, polleras) cortas, pero sí con pantalones. Me voy a poner pantalones cuando las faldas cortas están de moda. Mis amigas me quieren porque soy agradable, no por la ropa que llevo.

2) *Para los pensamientos perjudiciales deliberadamente.* Ciertos sicólogos usan cronómetros o anunciadores para ayudar a las personas a hacer esto. Unos piden que la persona grite "¡Alto!" cuando la abruman los pensamientos. Recuerda que tú misma te puedes *enseñar* a parar lo negativo.

   Mis padres tuvieron una vida tan difícil .... ¿Cómo voy a saber yo si la mía va a ser diferente? ¿Qué importancia tiene seguir en la escuela? Es más fácil no molestarse. No .... Tengo que parar esta clase de pensamiento ... ¡en este instante!

3) *Acepta el hecho de que puedes cometer, y cometerás, errores.* Aunque tus padres o maestros (erróneamente) sustituyan castigo por aprendizaje. Hacer tonterías de vez en cuando es parte del aprendizaje.

   Es tan difícil aceptar que me regañen, aunque me esté esforzando. Hoy, por ejemplo, la Sra. Taylor me regañó por correr en el pasillo. Es la primera vez que lo he hecho. ¿Por qué tuvo que hacerme sentir como si fuera criminal? No puedo permitir que eso me moleste.

4) *Ten confianza en ti misma;* no permitas que te afecten demasiado los cometarios ridículos o negativos. Cuando estás en contacto con tus necesidades y puedes exponerlas, las personas que cuentan en tu vida (tus padres, tus maestros, tu "pandilla", tu enamorado) te respetan más.

Detesto que los otros chicos me humillen. Si me pongo algo nuevo —a no ser que sea exactamente como lo que llevan los demás— Susan me llama tonta. Ojalá que eso no me molestara tanto. Tal vez si me lo propongo, algún día me sentiré más segura de mí misma y de mi gusto.

5) **No te rindas ante sentimientos de que no eres capaz de enfrentar una nueva actividad.** Dite a ti misma muchas veces que van a ocurrir cosas importantes. Esto es de especial importancia si tu familia es restrictiva, donde las reglas y pautas parecen acorralarte. Trata de recordar que a veces a tus papás también les dan miedo lo nuevo. Verte crecer puede ser lo suficiente para atemorizarlos de vez en cuando.

Mi familia nunca cree que puedo hacer nada bien, pero los voy a sorprender. Voy a limpiar mi cuarto/ ayudar a mi abuelita a limpiar las hojas del patio/ doblar la ropa limpia y guardarla, esta vez sin que me lo tengan que pedir. Quiero un poco de agradecimiento en esta familia. Así, tal vez se darán cuenta de que soy lo suficientemente grande para encontrarme con mis amistades en la ciudad el sábado por la tarde para ir al cine/ir sola el viernes a un baile de la escuela/decidir por mí misma mi horario de clases el año que viene.

Estas ideas pueden parecer bastante fáciles para la mayoría, pero habrá quienes tengan otros problemas. En ciertas familias, ciertas personas dan señales que son principalmente críticas y negativas. A veces los padres u otros a su alrededor se pueden sentir abrumados por sus obligaciones. Si esto sucede de vez en cuando, se les debe perdonar. Después de todo, ser padre o madre es una responsabilidad muy grande. La responsabilidad del futuro de una criatura da miedo, aun a los adultos.

Será muy difícil *encontrar y conocer a tu mejor yo,* a pesar de que te esfuerces por hacerlo, si siempre estás oyendo cosas que, en definitiva, quieren decir:

> *"No seas del modo que eres",*
> *"En ti no se puede confiar para que _____ por ti*
>   *misma".*
> *"Nunca vas a crecer",* o
> *"No sé qué voy a hacer contigo".*

¡Podría ser que se cumpliera la profecía! Si tienes que descartar señales como ésas, hazte dos preguntas que te pueden ser útiles.

¿Merezco que me critiquen tanto?

Si no, ¿es la crítica una forma de desahogarse de los mayores por algo que no he causado yo?

Ciertos padres de familia dan *señales contradictorias* sin darse cuenta. Por un lado, sugieren que sus hijos *pueden* seguir instrucciones, pero *al mismo tiempo* borran lo positivo cuando les recuerdan errores cometidos en el pasado. El problema principal de esta clase de señal contradictoria es que no fomenta la independencia. Desafortunadamente, puede fomentar actitudes de dependencia, tales como "Nunca podré hacer que confíen en mí" y "En sus adentros, mamá no cree que voy a crecer nunca". Una señal que indica ánimo, instrucciones precisas y evita echarle la culpa a una hija fomenta independencia. *Implica* que eres capaz y se puede confiar en ti.

Reglas para la supervivencia

Acepta tus límites y perdónate por los errores que puedes cometer. Sabes muy bien que nadie es perfecto.

Permítete el placer cuando logras algo.

Ayuda a los demás siempre que te sea posible.

Acepta el hecho de que hay cosas que no puedes cambiar.

Trata de hacerle frente a las situaciones difíciles con valentía e imaginación.

No aceptes la opinión negativa que tienen de ti otras personas. Tú te conoces a ti misma mejor que ellos.

No te olvides del sentido del humor.

SI CREES QUE NECESITAS AYUDA

Todo el mundo se siente abatido de vez en cuando. Es normal tener sentimientos negativos sobre ti misma de vez en cuando, pero sólo de vez en cuando. En estudios sobre adolescentes jóvenes, los que tienen una autoestima saludable informan que *los que tienen pensamientos positivos sobrepasan los negativos, hasta 2 por 1.* Estudia tus propios patrones de pensamiento durante varios días para ver si esto es igual en tu caso. Si los positivos sobrepasan los negativos, 2 por 1, es buena señal de que tienes muy buena autoestima. No es ésta la única manera de saberlo, pero te da una una idea.

Si tu manera usual de pensar *no contiene más pensamientos positivos que negativos,* es posible que necesites ayuda para crearte una mejor imagen. Muchos instrumentos te pueden ayudar a no pensar negativamente. Tal vez hasta uses ya algunos de ellos sin siquiera saberlo. Si no, te puedes enseñar a usar esos procesos mentales.

Ya que la manera en que piensas de ti misma es crucial para dar forma a tu futuro, veamos otra técnica común para controlar tus pensamientos.

Aprende a relajarte. Esto no es fácil, pero sigue con el intento hasta que encuentres la manera de hacerlo. A lo mejor tienes una silla favorita, o una imagen que recuerdas cuando necesitas calmarte. Muchos han aprendido ejercicios de relajación en las clases de educación física. Aunque no lo logres enseguida, sigue con el intento. Poder relajarte te ayudará incontables veces cuando crezcas.

20

Si no tienes experiencia en aprender a relajarte, a continuación se describe un método para lograrlo.

Antes que nada, tienes que estar sola. Tal vez más adelante puedas aprender a relajarte en un grupo, o con otra persona, pero, al principio, es mejor estar sola. Acuéstate o siéntate en una silla canapé.

Para empezar, *piensa* en relajar los músculos faciales. Empieza con la frente. Suavízala. *Siéntela* relajar. Cierra los ojos. *Piensa* en relajar los músculos que los rodean. Pasa a la boca. Piensa en abrirla en una apacible "O". No te preocupes de cómo *se ve* esto — más bien, *siente* cómo se ve.

Después, pasa a los brazos, después a las manos y los dedos, las piernas y los pies. Repite las órdenes a las distintas partes del cuerpo tantas veces como sea necesario para que se relajen. Piensa en lo pesado que debe sentirse tu cuerpo en el sofá o la silla donde estás.

A medida que te relajas, hasta te puedes dormir. Está bien, por el momento. Cuando adquieras control sobre este proceso, podrás relajarte y seguir despierta.

> **GUÍA:** Es bueno ver cómo le va a una. Levanta un brazo o una pierna y luego déjalo o déjala caer para ver si cae pesadamente. Si tiene tensión, tienes que esforzarte más. Piensa en lo pesado que está tu brazo, luego tu pierna, etc.

Sigue la visualización

En la visualización, o la manera de verte, aprender a dirigir tu propia "obra de teatro" contigo, siempre tú, como protagonista.

Como directora de estas obras (o episodios de TV) que se desarrollan en tu mente, te ves a ti misma en situaciones en que realmente quieres triunfar. Puede ser sacar mejores notas en la escuela. O hacer amistades. O agradar a tus padres. Lo que sea. *Te ves triunfando.*

Si tienes un período de estrés, digamos, una presentación frente a toda la clase, cierra los ojos y obsérvate en la "obra" actuando perfectamente: haces las pausas en el lugar debido, construyes las frases perfectamente, tienes gracia, el público se muestra interesado... y tú, muy contenta cuando terminas. Si no puedes "verte" enseguida, no te des por vencida. Aunque te "veas" sólo un momento, la próxima vez te resultará mejor. Ésta es una destreza importante para crear autoestima.

> **GUÍA:** Cuando tus imágenes resulten más fáciles de ver, te darás cuenta que éste es un instrumento importante para parar lo negativo sobre ti misma.

Pide ayuda

Si crees que necesitas otra persona para hablar sobre ti misma, busca a tu alrededor. Hay muchas personas que te pueden ayudar a hacerlo y a crear autoestima. Hasta te sorprenderías del deseo que tienen de ayudarte una vez que confíes en ellas. La lista incluye a:

tu papá y tu mamá, o uno de los dos, o una madrastra o un padrastro
una hermana o un hermano, o hermanastra o hermanastro, amable
una maestra o un entrenador comprensivo
un consejero escolar
tu pastor, rabino, o sacerdote
una tía, un tío o un primo o una prima mayor que tú
un abuelo o una abuela
un amigo o una amiga de confianza

GUÍA: Cuidado: Piensa muy bien en la persona que has elegido. Considera si él o ella tiene el tiempo y el interés que requiere tu confidencia.

En muchos sistemas escolares trabajan sicólogos. Si necesitas ayuda profesional, pídele a tu mamá o tu papá o la persona encargada de ti que hable con el sicólogo o la sicóloga de la escuela. Si no hay esta persona en tu escuela, busca otro tipo de sicólogo o trabajador(a) social. Muchas veces estas personas trabajan en clínicas de salud o agencias de servicio familiar. Pídele ayuda al médico de la familia o en un hospital local para encontrar a alguien.

¿Qué puedes esperar si hablas con un sicólogo o una sicóloga? La respuesta no es sencilla. No todos los profesionales en este campo proceden exactamente lo mismo. Te puede pedir información sobre ti misma y tu personalidad. A veces se hace esto en entrevistas, o puedes unirte a un "grupo de apoyo" donde los miembros del mismo se ayudan los unos a los otros hablando de los problemas que son conocidos por todos. Por ejemplo, todos los miembros del grupo pueden ser hijos de padres divorciados, o pueden tener problemas familiares relacionados con alcohol, drogas, o crimen.

Te puede pedir que llenes un cuestionario o tomes una prueba de personalidad. Esas pruebas generalmente no tienen respuestas "correctas" ni "equivocadas", pero el patrón de tus respuestas puede indicarle al sicólogo o a la sicóloga cómo ayudarte a que te ayudes a ti misma.

Cómo obtener ayuda urgente

Si crees que estás pasando por una crisis, o muy cerca de ella, es posible que necesites ayuda inmediatamente. Una sugerencia es llamar a una de las líneas telefónicas de crisis, que en Estados Unidos llevan nombres como "Crisis Line" o "Crisis Prevention Hotline". Por lo general, aparecen en la parte de atrás de la portada de la guía telefónica. La línea funciona las 24 horas del día y la llamada es gratis. Una persona capacitada contesta y hablará contigo todo el tiempo que necesites. También puedes averiguar la clase de profesionales que hay en tu área. Llama al número de "Community Mental Health Association".

Otra sugerencia: en la iglesia, templo o sinagoga te pueden ayudar. Algunos tienen sus propios servicios de crisis.

26

Recuerda lo que se dice al principio de este libro, conoces a tu *verdadero yo* en la adolescencia temprana. Tu *autoestima* — la manera en que crees que podrás lidiar con el futuro — es crítica para darle forma a ese futuro. Tu imagen propia — cómo crees que luces y te comportas y cómo crees que te ven los demás — sigue en desarrollo a medida que creces.

Si no estás pintando un autorretrato de tu gusto, *ahora es el momento de corregirlo.* Está en tus manos.

Mientras más pronto empieces a trabajar en tu autoestima, más rápido mejorará. Quien deja hundir la autoestima tendrá que luchar mucho para cambiarla más tarde.

Tu autoestima afectará todos los aspectos de tu vida, no sólo ahora sino en el futuro, en la vida adulta. Tendrá influencia en cómo funcionas en la escuela. Si crees que vas a triunfar, probablemente triunfarás. Las clases de amistades y las actividades en que participas tienen que ver con la manera en que te ves a tus propios ojos. Si *te* gustas, también les gustarás a casi todos los demás.

Lo mejor de la autoestima es que no es definitiva. No puedes cambiar tu altura ni el color de tus ojos, pero sí puedes cambiar tu autoimagen. Una vez que hayas cambiado una autoestima negativa por una positiva, habrás hecho algo muy importante. **¡Tú puedes hacer lo que sea!**

GLOSARIO

Autoconversación: técnica para cambiar la manera en que uno ve una situación

Autohipnosis: programa que emplea el poder de sugestión para inducir relajación y separar los pasos negativos de los positivos para llegar al autorretrato

Comunicación no verbal: lo mismo que "lenguaje corporal"

Estados de ansiedad y fobias: sentimientos de temor que interfieren con tu vida diaria

Feminidad no tradicional: énfasis en que las niñas tienen derecho a expresar y satisfacer sus necesidades; denegar el mito de que las mujeres abnegadas se satisfacen mejor

Feminidad tradicional: énfasis en las cualidades de nutrimiento de las mujeres, a menudo sin tomar en cuenta sus derechos como individuos; también se le puede dar poco valor a sus servicios

Ideas irracionales: ideas que no tienen que ver con la realidad

Lenguaje corporal : indicaciones que da el cuerpo (posición, cambios faciales, etc.) que "dicen" lo que estás pensando o sintiendo

Oscilación de humor: cambios repentinos de sentimientos, eufórico un momento y abatido después, que pueden tener o no tener relación con lo que está sucediendo

Parar el pensamiento: instrumento terapéutico para eliminar pensamientos obsesivos

Relajación progresiva: técnica que capacita a relajar todas las partes del cuerpo, por turno

Sicólogo(a), o sicólogo(a) clínico(a): persona capacitada en técnicas para mejorar la salud mental; se les llama clínico(a) porque a veces también trabajan en clínicas

"Super productivo": estudiante que, por esfuerzo excepcional, produce en la escuela por encima de lo que los resultados de las pruebas podrían indicar

Terapia: técnicas para ayudarse a uno mismo o a otros a tener una mejor salud mental, como meditación y ejercicio, entre muchas

Trabajador(a) social: persona capacitada para ayudar a familias en situaciones de estrés

Visualización: poder "ver" en la mente, en estado de relajación, el mejor yo propio tratando con problemas en forma satisfactoria

ÍNDICE